Initiation à l'Hypnose Spirituelle

L'autre monde de la transe

Christophe Pank

Table des matières

Du même Auteur Chez HnO Edition

15/ *Apprendre le système TPA (Mai-2014)*

16/ *Hypnose et Posture du Praticien (Juil-2014)*

17/ *Hypnose et la Pre-test Therapie (Oct-2014)*

18/ *Base de PNL Interpersonnelle (Nov-2014)*

19/ *Base de la PnL Coaching (Fev-2015)*

20/ *Périple d'un Praticien d'Hypnose contre le Cancer (Fev-2015)*

21/ *Manuel de Formation à l'Auto Amour (Avr-2015)*

22/ *Hypnose et Douleur (Juil-2015)*

23/ *Cette Hypnose Ascendante nommée Hyperempiria (Sept-2015)*

24/ *Hypnose Elmanienne (Nov-2015)*

25/ *Questiosophie (Fev-2016)*

26/ *Crépuscule de l'Hypnose (Avril-2016)*

27/ *Pouvoir Limité (Mai-2016)*

Introduction

Nous savons que l'hypnose offre de nombreuses possibilités et des techniques vraiment diverses pour soutenir et faire avancer nos partenaires. Il existe dans cette merveilleuse discipline, **l'hypnose spirituelle**.

Cette forme d'hypnose travaille sur **la facette symbolique** de la pathologie. Grâce à la transe que nous allons proposer à notre partenaire, il va vivre une communication qui permettra vraiment de mieux comprendre et mieux appréhender ce qui est bloquant et qui peut être une source de mal-être.

Il est réellement important de garder en tête que **cette facette spécifique ne convient pas à tous nos partenaires**. En effet, pour beaucoup, ce que nous allons proposer ne correspondra pas du tout ni à leurs valeurs ni à leurs croyances.

C'est pour cela que nous devons connaître le monde des possibles que chacun d'entre eux peut s'autoriser. Dans cet essai, je vous proposerais différentes techniques connues, qui permettront d'avancer dans une démarche à la fois psychologique et ésotérique, tout en restant le plus possible dans une explication « rationnelle » de ce qui peut être vécu pendant cette transe.

10

1- Qu'est-ce que l'Hypnose Spirituelle ?

Je vous propose d'aborder ma perception de l'hypnose spirituelle, afin que nous puissions être clairs sur ce que cela représente. Ce courant a été mis en avant ces dernières années, notamment **par Dolores Cannon et Mike Newton**. Je vous invite à lire leurs ouvrages qui sont particulièrement bien faits et complets sur le sujet.

Dans ma perception actuelle, l'hypnose spirituelle est **une fusion de plusieurs disciplines, avec un processus inductif lié à l'hypnose**. Nous retrouvons des croyances de philosophies hindouistes et bouddhistes, des influences plus New Age, des processus typiques hypnotiques. Le tout étant orienté **vers une « solution » symbolique des problématiques** de nos partenaires. Nous savons que de nombreux scientifiques travail sur les NDE et particulièrement Raymond Moody.

Les expériences de mort imminente ont offert un matériel particulièrement intéressant pour ouvrir des possibilités de compréhension de soi et, pour de nombreuses personnes, des champs possibles illimités. Dans l'hypnose spirituelle, les NDE ont de l'importance, sachant que nous allons travailler **sur les vies antérieures et sur le choix de la vie présente.** Cela part donc d'un postulat que **la vie et la mort sont un cycle.**
La vie présente avec l'ensemble de ces expériences, qu'elles soient positives ou négatives, n'est que l'extension d'une mort précédente.

La transe va donc permettre aux partenaires d'aller dans les mémoires du subconscient ou de ce que je **nomme le supraconscient, c'est-à-dire « l'historique » des mémoires des expériences de nos vies passées.**

J'utiliserai le mot **Ame** pour définir la source de notre être, là où se cumule l'ensemble des connaissances de nos vies passées et ce que certains définissent comme **le moi supérieur.** J'utiliserai le mot **Esprit** pour définir ce que nous sommes dans cette vie présente. Je précise une fois de plus que cela reste une croyance. Il n'y a pas nécessité d'adhérer à la croyance pour réussir à faire des séances d'hypnose spirituelle. La majeure partie des demandes que nous avons dans cette branche de l'hypnose, sont faites par des personnes qui ont déjà une certaine connaissance de ces croyances ou inversement une population qui souhaite découvrir de façon ludique si cela existe ou tout du moins si cela peut « fonctionner » sur eux.

Dans l'hypnose spirituelle, nous allons travailler sur un élément premier qui est la régression. La régression est un outil classique de l'hypnose Elmanienne et Ericksonienne. Nous allons travailler sur la symbolique des vies antérieures. J'utilise sciemment le terme symbolique afin de respecter les croyances de chacun. Il y a une transition entre les vies que certains appellent « entre les vies », qui peut permettre à de nombreux partenaires de s'apaiser sur la vie qu'ils vivent actuellement.

En allant sur des directions plus ésotériques, nous pouvons nous diriger vers la connexion à son guide ou son ange gardien. Un autre niveau encore, il est possible au travers de l'hypnose spirituelle d'aller contacter des entités, c'est-à-dire des présences spirituelles, afin d'obtenir des réponses ou de faire des deuils.

2- La transe

Pour débuter, il est important de bien comprendre ce que représente la transe dans ma sémantique. En hypnose et Hypnosophie, la transe **est une communication entre le conscient et le subconscient**. Elle est possible à partir du moment où le facteur critique (sas d'administration) valide, en suggestions, l'ensemble des informations proposées par le praticien. La transe *ouvre donc une partie de nous-mêmes que nous n'avons pas l'habitude de conscientiser*.

Il nous arrive quotidiennement d'être en transe, par exemple les transes d'autoroute, néanmoins, pour la majeure partie d'entre nous, nous ne prenons pas attention à ces transes et si nous n'avons pas la connaissance nécessaire, nous ne nous en rendons même pas compte.

Nous savons que dans le subconscient se trouvent les émotions, les mémoires à long terme, les patterns, les valeurs et les croyances. Pour de nombreuses personnes, le cerveau est capable de tout enregistrer.

Nous savons qu'il est possible, **au travers de régressions à la cause**, de remonter vers la *source « oubliée »* d'une problématique. Il est intéressant de se rendre compte que notre **subconscient ne cesse d'être actif** et donc d'offrir des pensées, réflexions et autres émotions dans toutes les circonstances.

La transe est donc un moyen pour **mieux écouter, mieux comprendre**, ce qui est en train de se passer à l'intérieur de nous.

Nous sommes des inconnus de nous-mêmes, nous avons l'impression de nous connaître, et pourtant il y a de nombreuses fois où nous réagissons de façon complètement nouvelle.

Nous sommes étonnés de certaines de nos réflexions, de certaines de nos émotions ou pensées, qui peuvent intervenir dans des situations que nous n'avions pas prévues.

L'image qui est souvent donnée est celle de l'iceberg. Ce gros glaçon qui ne montre qu'une toute petite partie de ce qu'il est vraiment. On sait que la partie submergée, celle qui n'est pas visible est bien plus grande que celle que nous pouvons voir.

Le subconscient est un monde peu connu que la transe permet de mieux découvrir. Dans le cas de l'hypnose spirituelle, il est important d'avoir en tête l'idée que ce que notre subconscient va faire remonter **peut-être réel ou complètement faux**.

Il se peut que certains souvenirs hypnotiques, certaines régressions en vie antérieure, ne soient que la somme de différentes pensées, un conglomérat d'émotions, de lectures, de croyances et de vécus.

Dans cet essai, je souhaiterais que vous preniez une attention particulière à garder cette idée **que tout peut être à la fois une réalité**, celle qui est vécue dans l'instant par notre partenaire **et une complète spéculation**, sachant que notre subconscient est lié à **notre imaginaire** et qu'il peut passer par son intermédiaire pour donner un message à décoder.

3- La croyance

L'hypnose spirituelle est plus que tout autre emplie de croyances. Comme je vous le partageais en introduction, de nombreux partenaires **pourront se montrer sceptiques,** voire complètement réticents à cette méthode. Nous pouvons garder en tête ce présupposé de la PNL : **la carte n'est pas le territoire.**

Je n'ai pas raison, vous n'avez pas raison et ils n'ont pas raison. Nous ne savons pas la vérité et nous pouvons être persuadés d'une croyance parce que cela répond à ce que nous souhaitons vivre. Dans l'hypnose spirituelle, nous partons sur différents postulats.

Lorsque nous aborderons les régressions en vie antérieure, il est important que nous comprenions que si réalité il y a, cela n'est avant tout, dans le cadre de la thérapie par l'hypnose, qu'un **moyen de mieux comprendre et de mieux accompagner un partenaire en souffrance.**

Vous verrez avec l'expérience, **qu'il n'y a pas nécessairement besoin de croire** à des vies antérieures, à des guides, à des entre vies, pour que toute la séance se passe de façon très positive pour notre partenaire. Pour avoir mis en ligne un MP3 sur les régressions en vie antérieure, il est très intéressant de lire les commentaires et de se rendre compte du **nombre de personnes sceptiques,** qui vivent une expérience intéressante, avec plus ou moins d'informations.

Nous savons que la transe **ouvre une hyper suggestibilité** et par conséquent ce que le subconscient va proposer comme image ou comme histoire, est **parfaitement exploitable dans le cadre de la thérapie**.

Que ce soit réel ou imaginé, cela nous ne pouvons l'affirmer. C'est à ce moment-là que la croyance va avoir une importance capitale pour certaines personnes qui cherchent au travers de cette hypnose spirituelle, **des réponses plus ésotériques**.

Nous devons être attentifs à toutes ces demandes qui orientent la session vers **une auto validation de certains pathos ou de certaines croyances limitantes**. Par exemple, il arrive souvent que des partenaires viennent faire de l'hypnose spirituelle, pour valider que les ennuis qu'ils ont dans cette vie *ne peuvent être changés*, parce que cela **est la conséquence karmique d'une vie antérieure**.

Vous verrez un peu plus loin dans l'essai que pour ce type de partenaire, il sera important de travailler sur **le choix et la responsabilité dans la démarche d'entre deux vies**.

La croyance peut alors devenir **une forme d'auto sabotage puissant**, qui validera le partenaire dans une spirale négative et fera qu'il s'enferme dans la croyance que rien ne peut être fait pour lui.

Les praticiens devenant des figures d'autorité absolue, tout comme peuvent parfois l'être les médiums et autres voyants.

C'est pour cette raison que nous devons **être le plus clair possible dans notre pretalk**, afin d'éviter la croyance excessive et par conséquent **l'attente excessive** d'une session comme **une vérité inébranlable.**

4- Travail en régression à la cause

La régression à la cause **est un outil de base de l'hypnose**. Étant issu de l'hypnose directe, je vais vous proposer cette manière de faire afin que vous puissiez **facilement l'inclure dans vos sessions d'hypnose** spirituelle. Vous retrouvez facilement sur Internet de nombreuses façons de faire.

Nous utilisons la régression à la cause pour permettre à notre partenaire de se reconnecter à l'une des **sources possibles de sa problématique**. Là encore, je précise bien *« une des sources possibles »*, parce qu'il y a quelques années je pensais que la régression à la cause nous menait automatiquement et parfaitement à la base du malaise. L'expérience m'a fait remettre en cause cette croyance et désormais je préfère garder en tête que **cela est une des racines, mais pas l'unique source.**

La première chose à prendre en compte pour une régression à la cause, c'est l'émotion, la pensée ou la sensation physique que notre partenaire vit. Nous allons le faire se connecter à ce malaise ou cette idée, afin que le subconscient sache vers **quel type de fichier mémoire nous souhaitons le diriger.**

Faire se connecter le partenaire.
Lui demander de se souvenir d'un repas de la veille.
Lui demander de se souvenir d'un repas de la semaine passée.

Lui demander de se souvenir d'un moment agréable d'il y a un an.

Lui demander de se souvenir d'un moment agréable d'il y a une dizaine d'années.

Lui demander de se souvenir d'un moment agréable de l'adolescence.

Lui demander de se souvenir d'un moment agréable de son enfance.

Le processus est simple et pour bien le comprendre, observez que vous êtes en train **de créer un pattern.** C'est-à-dire que vous êtes en train de proposer à votre partenaire de créer **une habitude de souvenir** dans le passé afin que son subconscient puisse continuer à répondre à cette demande. C'est comme le vélo ce sont les premiers coups de pédale, qui donneront l'inertie pour encore davantage accélérer.

En hypnose Elmanienne, il est conseillé **de revenir à l'enfance.** Même si le traumatisme a eu lieu il y a une dizaine, une quinzaine d'années, voire plus tard, nous partons du postulat que **cela réactive un pattern dissonant qui date d'avant les six ans.**

Pour aller plus loin, nous avons la construction psychique de notre être avant l'âge de six ans. Nous avons donc un ensemble de processus automatisés qui permettra de **réagir à différentes situations** de manière simple.

Quand un traumatisme arrive à la vingtaine ou à la trentaine, la façon dont nous allons réagir, la façon dont ça va nous impacter, n'est **qu'une répétition d'un schéma que nous avons** ancré en nous pendant la petite enfance.

Cela ne nous empêchera pas de traiter **la problématique de conséquences,** même si nous ne sommes pas parvenus à remonter à une source de l'enfance.

Pour ce faire, nous pouvons lors des régressions à la cause remonter sur différents traumatismes. Le plus intéressant étant de retourner à celui qui est **le plus lointain**.

Admettons que nous soyons remontés à l'âge de six ans, et que nous ayons eu, durant la régression, d'autres moments traumatiques, admettons à 10 ans et 16 ans, nous traitons d'abord la problématique du jeune âge puis nous vérifions si la problématique impacte toujours autant notre partenaire quand nous remontons à l'âge de 10 ans et de 16 ans.

Je ne vais pas dans cet ouvrage vous expliquer comment nous pouvons gérer les traumatismes, la plupart des lecteurs étant déjà des praticiens, vous connaissez différentes techniques permettant d'apaiser, voire de modifier les traumatismes.

La maîtrise de la régression à la cause est un prérequis pour travailler sur des régressions en vie antérieure et sur d'autres techniques de l'hypnose spirituelle.

Nous vous proposons de travailler de façon plus métaphorique pour les personnes qui travaillent en hypnose indirecte, la technique que je propose régulièrement est celle du métro intérieur.

Demandez à votre partenaire d'imaginer un métro, vérifiez bien qu'il ne soit pas claustrophobe, sinon vous faites cela avec un autre véhicule.
Proposez-lui de descendre dix marches pour aller à la bouche de métro, cela permettra de faire un Deepener.

Dans la métaphore, expliquez-lui que ce métro intérieur lui permet de remonter le temps et de s'arrêter à la station/âge qui offrira le plus d'informations utiles et réalistes pour la thérapie.

Vous pouvez lui faire décrire le lieu dans lequel il se trouve, ou plus simplement lui faire donner des détails sur une station particulièrement propre et moderne, avec comme nom de station, un chiffre, son âge.

Une fois que votre partenaire est à l'aise dans cet environnement, expliquez-lui que son voyage va le ramener dans son passé avec le métro du temps. Une fois que tout cela est clair, vous faites entrer le train en gare.

Vous lui laissez le choix de monter à côté du pilote, ou simplement de se mettre en passager.
Vous pouvez décompter de cinq à un avant le départ, afin de continuer l'approfondissement que vous lui proposez.

À un le train va démarrer et vous allez faire observer à votre partenaire, les différentes stations qui vont défiler devant lui.

Chaque station représentant un âge, il sera facile de laisser le subconscient s'arrêter là où il déterminera un élément important et traumatique.

Une fois que le train est arrêté, vous faites sortir votre partenaire, vous lui faites prendre le temps de regarder le numéro de la station, puis de se diriger vers la sortie de la gare.

Cette méthode est très simple à mettre en place, il est intéressant de voir que les chiffres des stations offrent des précisions sur l'âge exact du traumatisme.

Il ne faut pas hésiter à faire reprendre plusieurs fois le train, avant de remonter autour des stations un à six. Bien sûr tout le monde n'y arrivera pas nécessairement et vous resterez donc au chiffre le plus bas.

5- Introduction à l'Hyperempiria.

L'Hyperempiria ne fait pas partie de l'hypnose spirituelle à proprement parler, je souhaite l'introduire dans cet essai, parce que c'est un outil que vous pourrez **facilement utiliser** dans votre quotidien aussi bien en hypnose plus classique que dans cette recherche d'hypnose ésotérique. L'Hyperimperia est une discipline qui a été développée **par Don Gibbons**.

Elle a pour spécificité d'être une recherche de transe ascendante. Nous avons l'habitude, en hypnose, d'aller **dans un état de profondeur** et plutôt dissociatif. En Hyperempiria nous cherchons à faire gagner **pleine conscience** à notre partenaire. En l'orientant par des suggestions vers une sensibilisation de l'ensemble des éléments qui l'entoure, un peu **comme la technique de la spirale**, nous allons orienter la transe vers une recherche d'élévation.

C'est pour cette spécificité que Hyperempiria est un outil particulièrement adapté à l'hypnose spirituelle. Vous verrez que dans de nombreux processus nous **utilisons la notion de montée** de l'esprit vers l'âme. D'ailleurs, on dit que les sorties du corps et, plus **techniquement les voyages astraux,** se déroulent dans une ascension de l'être. Dans le cadre de l'hypnose spirituelle, cette idée de connecter **le subconscient et le supra conscient** va se faire, non pas dans une transe descendante, mais dans une orientation ascendante.

Ce qui nous intéresse dans notre utilisation de l'Hyperempiria, va être **le processus inductif**.
Je vais vous proposer une induction **Hyperempiria pour l'Hypnose Spirituelle** pour que vous puissiez facilement comprendre comment cela fonctionne et vous permettre de l'utiliser durant vos sessions. C'est une version qui nous permet de reconnecter notre partenaire à son moi supérieur.

« Dans quelques instants tu vas pouvoir t'imaginer au bord de l'océan, tu prends de plus en plus conscience du lieu dans lequel tu te trouves. Tu vas pouvoir observer le va-et-vient des vagues, le son de tes pas sur le sable, ressentir la puissance de cet océan infini.

Tu vas t'installer confortablement en levant ta tête vers le ciel et **en te fixant sur une des milliers d'étoiles** au-dessus de toi. À mesure que tu te connectes à cette étoile, tu vas de plus en plus prendre conscience de tous les sons qui t'entourent. À commencer par ma voix, par ton souffle, tous les sons extérieurs que tu peux dès à présent capter.

Tu vas te rendre compte que c'est comme si tu te donnais le droit d'entendre encore plus loin que la ligne d'horizon. En même temps, tout en fixant cette étoile, tu commences à découvrir qu'il y a des milliers d'étincelles tout autour.

C'est comme si ton regard, tout en restant fixé sur un point, se défocalisait petit à petit, te permettant de te rendre compte de l'immensité de cet univers, et c'est comme si ta vue pouvait traverser le temps, la matière et les distances.

Tu ressens ton corps de plus en plus léger, tu peux percevoir ce qu'il y a sous tes pieds, là où tu es assis et tu te rends de plus en plus compte que tu peux ressentir l'air ainsi que les différentes énergies qui explosent tout autour de toi.

C'est comme un scintillement de vie que ton corps ressent, allant de la plage à l'océan et offrant une expansion de toi-même. C'est comme si tu étais toi, tout en ressentant que tu étais ce tout. Tout ton être fusionne de plus en plus avec ton environnement et dans quelques instants c'est comme si du sommet du crâne, tu allais ressentir une énergie ou peut-être une lumière qui va t'attirer petit à petit vers un envol.

Tu peux visualiser, imaginer ou penser que tu laisses ton esprit suivre cette corde de lumière qui t'élève de plus en plus, te permettant de découvrir ce monde que tu percevais de façon encore plus claire, allégeant à la fois ton corps, tes émotions et tes pensées.

Dans quelques instants je vais compter de 1 à 10, entre chaque chiffre c'est comme si tu allais prendre conscience que tu t'élèves de plus en plus haut, tout en te sentant pleinement libre de fusionner avec tout cet univers qui t'entoure. Tu vas t'éveiller vers ce que tu es réellement, loin des limites physiques, te reconnectant de plus en plus avec ton « toi supérieur ».

1 : à mesure que tu t'élèves tu ressens de plus en plus de bien-être en toi pour toi et avec toi.

2 : tu respires de plus en plus profondément comme si l'air que tu expires, permettait de monter encore et encore prenant de plus en plus conscience de tout ce qu'il y a autour, au-dessus et en toi.

3 : tu sais qu'au chiffre 10 tu seras pleinement et totalement conscient d'être connecté avec ton toi supérieur.

4 : chaque chiffre qui passe élève et c'est comme si dès à présent tu étais bien au-dessus des océans, bien au-dessus de cette plage, à la fois présent et complètement connecté à une autre réalité.

5 : tu t'élèves encore et encore dans ce fil de lumière qui te permet de te diriger vers une énergie et une ouverture encore plus forte et plus apaisante.

6 : tu peux percevoir les continents, les océans, les forces positives de ce qui te permet dans une légèreté sécurisante de te rencontrer

7 : tu sens une source d'énergie, de bienveillance, de force, de confiance qui illumine tout ton être dans toutes ses dimensions, et tu t'y approches de plus en plus.

8 : dans quelques instants tu vas t'y connecter, ressentir ce retour vers ce qui a toujours été là et que tu as toujours connu, une source intarissable de bonheur, de compréhension et d'éveil.

9 : tu respires profondément et intérieurement tu te répètes « je me connecte à mon âme, je me connecte à mon véritable moi ».

10 : tu es maintenant plus conscient, plus ouvert à toutes les possibilités, c'est comme si cette énergie, ce bien-être et toutes ces variations de lumière apportaient pleine conscience de ce que tu es, a été et sera.

Comme vous le constatez, cette induction est très simple à mettre en place et permet à votre partenaire de **s'éveiller à plus de possibilités.** Pensez que dans une dynamique d'Hyperimperia, le plus intéressant est **de jouer sur la notion d'évolution.** Nous sommes de nouveau dans ce qui nous intéresse en hypnose spirituelle, le fait de passer par un réveil de notre conscience et de nos mémoires, qu'elles soient réelles ou symboliques.

Au travers de cette induction, vous allez pouvoir offrir à votre partenaire un moyen de se reconnecter à de nombreux éléments. C'est notamment avec ce type de travail que nous allons proposer de nous connecter à **nos guides, à nos doubles quantiques ou à une mémoire d'un défunt.**
C'est également avec une transe ascendante que nous orientons vers l'étape intermédiaire de la régression en vie antérieure, qui est l'entre deux vies.

6 - La régression en vie antérieure.

Je vous rappelle que pour moi et dans le cadre de cet essai, nous partons du postulat **que la régression en vie antérieure est un cheminement symbolique**. Dans notre pretalk, nous allons particulièrement insister sur ce point-là. Je vous invite également à le faire lorsque des partenaires vous appellent. Comme je vous l'ai dit précédemment, il arrive souvent que des personnes viennent faire **un voyage initiatique.**

Cela ne pose pas problème, s'ils ne vous mettent pas sur un piédestal. Il arrive régulièrement que les partenaires **puissent imaginer des choses sur vous et/ou sur ce qu'ils ont vécu.** Vous devenez dès lors dans leur inconscient **une forme de canal entre leurs capacités et l'expérience vécue.**

Dès lors, vous donnez une figure d'autorité qui peut être très influente dans leur esprit, et certaines personnes qui vivent des problèmes psychiques lourds peuvent devenir *obsessionnelles,* ou s'enfermer dans ce monde **ésotérique pour éviter de vivre la réalité commune.** C'est à nous de bien discerner si nos partenaires n'entrent pas dans un monde « psychotique ».

Une chose que vous observerez également, c'est que tout le monde a l'impression d'avoir été un **personnage célèbre.**

Le discours classique est de dire qu'un médium leur a expliqué qu'ils étaient Toutankhamon ou Cléopâtre durant une session.

Dès lors la régression en vie antérieure devient une **demande de validation** sur ce qui a été proposé et suggéré par le médium. S'ils ne vivent pas ce qu'ils attendent, il peut y avoir de **grande déception** et attendez-vous à entendre que vous n'êtes pas capable de l'emmener réellement en vie antérieure.

En général, *les critiques fusent facilement* dès lors que le partenaire entre dans **une frustration, le fantasme n'est pas validé par l'expérience**. Notez que cela peut être passionnant à travailler si votre patient est prêt à s'ouvrir à une psychothérapie au travers de l'hypnose. Seulement en hypnose spirituelle, c'est rarement ce qui est recherché par le partenaire. La compréhension, l'étude de soi, la découverte de leurs potentiels restent secondaires pour la plupart d'entre eux.

Penchons-nous quelques instants sur le type de partenaires que nous allons recevoir dans une démarche d'hypnose spirituelle. L'hypnose est vendue comme une discipline ou un outil particulièrement performant *pour donner des résultats.* Selon les écoles et les praticiens certains cherchent davantage **à comprendre les sources des problématiques**. La découverte des origines, nous oriente plus **dans une thérapie de recherche** *que dans une thérapie axée solutions.*

En hypnose spirituelle, il y a une sorte de paradoxe. La plupart des partenaires viennent en cabinet **pour savoir 'pourquoi'**. Seulement ce 'pourquoi' n'est pas celui que nous avons l'habitude d'avoir en Psychopratique. C'est un 'pourquoi' qui se veut à la fois plus profond, parce que plus ésotériques et plus distancié d'un modèle psychologique classique.

Prendre en compte que, ce 'pourquoi' qui n'est pas une validation d'un masque ou d'un filtre de cette réalité commune, peut être particulièrement important. Si votre patient n'arrive pas à gérer les problématiques de la vie actuelle, que ce soient des traumatismes passés ou des fonctionnements mis en place, si au travers d'une thérapie plus psychologique il fait de nombreuses fuites ou des évitements, *il peut trouver une solution dans le spirituel.*

Seulement, il est important de prendre en compte le fait que, peut-être en se dirigeant vers cette réalité symbolique, il ne fasse que **continuer la fuite qu'il a commencée dans sa thérapie psychologique.**

Il est dès lors dans **la continuité du pattern dissonant,** celui de la fuite. Il souhaite continuer une thérapie avec un investissement moindre. Quand je souligne cet aspect, ce n'est non pas dans une idée critique, mais pour comprendre ce que le partenaire est en train de vivre. Quand un événement traumatique ou la difficulté de sortir d'un pattern est présent, il y a **beaucoup de confusion, voire de douleur dans l'esprit de l'accompagné.**

L'hypnose spirituelle ne va que très peu « secouer » l'appareil psychique du partenaire, en effet la plupart du temps, comme nous travaillons sur *une régression symbolique, une connexion à une entité qui peut être tout aussi réelle que virtuelle,* nous créons le **principe de dissociation** vis-à-vis de l'événement ou du processus traumatique.

Si dans un premier temps cela peut être plus apaisant, il n'est pas dit que notre partenaire ne devient rien de plus qu'un **simple spectateur d'une série de science-fiction.** Série dont il est le héros certes, néanmoins ne lui permettant pas nécessairement de s'impliquer dans sa thérapie. Si vous avez l'habitude de travailler avec d'autres outils et d'autres formes de thérapies, l'hypnose spirituelle est un excellent complément, mais elle peut devenir également un frein vis-à-vis de votre patientèle qui risque d'attendre **une forme de thérapie passive mais jouissive dans sa découverte.**

Pensez **à cadrer le plus possible** pour permettre d'avoir un maximum de liberté, en précisant bien que les réponses qui seront obtenues durant cette technique sont *à interpréter en fonction du filtre des croyances de tout à chacun.*

Il faudra **éviter les interprétations**, afin de ne pas rentrer **dans une forme de dogmatisme**, même si le partenaire peut sembler insistant sur les différentes « *révélations* » qu'il peut avoir vécues durant sa régression.

Nous restons des accompagnateurs et nous gardons en fonction du cadre de la séance thérapeutique ou plutôt de la découverte, une orientation qui nous permettra d'atteindre un objectif.

En tant que praticiens, il faut savoir ce que vous allez rechercher ou découvrir dans la régression en vie antérieure. Nous l'utilisons **comme une stratégie** qui permet de fluidifier certains aspects de la thérapie que nous proposons.

Pour certains spécialistes qui ne font que l'hypnose spirituelle, l'orientation peut être un peu différente sachant que l'aspect psychologique, qui est parfois plus mis en avant dans des écoles classiques d'hypnose, peut être mis de côté pour s'orienter exclusivement vers des réponses ésotériques.

Nous allons voir le processus qui va permettre d'amener notre partenaire dans sa vie passée. Il faut savoir que dans la croyance des vies antérieures, il y a en a beaucoup qui ont pu être vécues. Dans les écrits ésotériques, il est expliqué **que plus l'âme est vieille plus elle aura eu des expériences de vie.**

Ce qui est intéressant c'est que même si vous répétez des sessions de ce type de régression avec le même partenaire, il y a de fortes chances qu'il retombe sur des vies différentes.

Dans notre compréhension symbolique, nous prenons cela **comme une expression du subconscient** vis-à-vis du problème qui est à un moment T vécu par le partenaire.

Je vous propose dans cet essai la façon que j'utilise, vous pourrez trouver de nombreuses autres méthodes pour arriver au même résultat.

Je ne reviens pas sur le processus d'induction, en fonction de votre façon de faire, induisez la transe à votre partenaire. Une fois que vous savez qu'il est à un niveau de transe stable et équilibrée, vous pouvez commencer à mettre en place votre régression.

Nous allons **reprendre le principe de la régression à la cause.** Se souvenir d'un repas d'hier, d'un repas de la semaine dernière, d'un moment agréable d'il y a un mois, d'un moment agréable d'il y a un an, d'un moment agréable d'il y a 10 ans, d'un moment agréable de l'adolescence, d'un moment agréable de la petite enfance.

Vous pouvez **avoir un rythme assez rapide** quant aux suggestions que vous proposez, je sais que dans de nombreux systèmes, nous prenons un temps assez long afin que notre partenaire puisse retrouver ce que nous lui proposons. D'expérience, je me suis aperçu que *plus vous laissez du temps et plus le facteur critique peut intervenir*, notre partenaire pouvant interrompre le processus de pattern que nous sommes en train de mettre en place durant cette régression.

Pour preuve, sur un audio qui a été écouté plus de 90 000 fois, j'ai eu quelques retours sur le fait que tout aille très vite, néanmoins la majorité confirme qu'ils ont vécu quelque chose et que l'expérience a été intéressante. Vous trouverez avec l'expérience le rythme qu'il faut et qui sera le mieux adapté à votre partenaire.

Nous entrons dans une phase qui est très importante à prendre en compte dans le processus. Vous avez fait revenir votre partenaire à une expérience agréable de la petite enfance. Certains d'entre eux peuvent vous dire qu'ils n'ont pas vécu de moments agréables ou en tout cas aucun souvenir ne leur revient durant cette suggestion.

Gardez-le dans votre tête parce que cela pourra être utile dans l'étape qui suit, et afin que vous puissiez continuer la régression, je vous invite à *lui faire créer une situation* où l'enfant qu'il était, se sentait bien et a pris plaisir.

Le point suivant est de **faire remonter à la naissance**. Seulement il y a de nombreuses personnes qui ont vécu **de gros traumatismes** durant cette naissance. Il se peut donc que votre partenaire puisse vivre **des réactions émotionnelles et physiques particulièrement intenses** à ce moment-là. Selon les écoles la façon de faire est différente.

Dans ma pratique, je propose **d'arrêter la régression** et de travailler sur la problématique de l'arrivée au monde, dans cette vie bien présente.

Pour ceux qui connaissent le Rebirth, cette méthode de respiration permet de faire revivre symboliquement la naissance et de nettoyer les mémoires du corps, cette étape peut y ressembler.

Il faudra alors accompagner le patient dans **cette régression à la cause spontanée** afin qu'il puisse s'apaiser et certainement régler des choses qui ont été gardées par le subconscient et le corps pendant des années. Pour cela utilisez vos outils classiques afin de lui permettre un apaisement **et un recadrage psycho corporel**.

Pour éviter cette étape, certaines tendances vont **directement faire remonter à l'état fœtal**. En somme, ils ne passent pas par la naissance. Seulement, il se peut que votre partenaire dans cette phase ait ressenti et perçu des choses traumatisantes, **au travers des expériences de la mère**.

Il est donc possible que l'enfant durant la grossesse ait déjà commencé à vivre des mots psychiques et physiques. Là encore, en fonction de votre objectif, de votre façon de travailler, vous **pouvez traiter ce qui est en train de remonter** ou continuer votre chemin.

Pour la seconde option, il est important de bien prendre en considération que lors du retour de la vie antérieure, vous allez devoir repasser par cette étape et il se peut que cela soit encore plus intense suite au travail que vous aurez fait en régression symbolique.

À partir de ce moment-là nous suggérons de faire **remonter l'esprit vers l'âme**. C'est à ce moment-là que nous commençons à **utiliser une réinduction ascendante en Hyperimperia**.

Cette étape doit être *comme une sortie du corps*, afin d'aller retrouver sa source, son âme, qui est la bibliothèque de vies de notre partenaire.

Pendant notre compte de un à dix nous allons suggérer à chaque chiffre ce que représente cette connexion, et les différentes sensations et perceptions que nous souhaitons qu'il vive durant ce voyage.

1- Tu ressens de plus en plus que **ton esprit** est en train de s'élever, s'élever dans un canal de lumière qui va, dans quelques instants, te permettre d'aller **te connecter à ton âme,** cette source de toutes les vies que tu as vécues jusqu'à aujourd'hui.

2- À mesure que je compte, tu perçois de plus en plus toutes les forces et les énergies qui t'entourent, toutes les vibrations de cette planète, comme si tu étais en train de prendre conscience **de ton unité à ce tout**.

3- Tu sais que dans quelques instants, à mesure que tu continues à monter et t'alléger de plus en plus, à la fois dans ton corps, dans ton esprit et dans tes pensées, tu vas te recentrer vers ce que tu es, as été et seras.

4- À chacune des respirations ton corps et ton esprit s'allègent, naturellement et facilement une sensation chaleureuse, apaisante et puissante, te permet de sentir que tu vas pouvoir te retrouver pleinement dans tout ce que tu es. C'est **comme une reconnexion** que tu sais avoir été toujours possible, et qu'aujourd'hui tu t'autorises à vivre.

5- Plus tu t'élèves, plus tu t'approches de ton âme, de ta source et plus tu te sens, dans **la pleine conscience** de ce que tu es, dans une bienveillance extraordinaire et une énergie nouvelle, qui te permettra d'aller dans la vie antérieure qui correspond à ta problématique actuelle.

6- Maintenant, c'est comme si tu te sentais de plus en plus attiré par une force, une énergie qui t'élève, t'élève, t'élève de plus en plus, te permettant d'aller à 10, et seulement à 10, vers une connexion complète à cette source infinie de toi-même, de sagesse et de connaissance.

7- Tout devient plus clair en toi, tout se restructure pour revenir à ce que tu es fondamentalement, et tu sens de plus en plus s'éveiller en toi et autour de toi cette réalité de te retrouver pleinement.

8- Dans quelques instants, tout ne sera qu'apaisement, amour, bienveillance dans cette unité avec ton âme.

9- Tu sens pleinement et totalement ton corps et ton esprit dans ce faisceau de lumière qui dès à présent est dans un état de sérénité et de bien-être extraordinaire.

10- Maintenant, tu es connecté à ton âme, à toutes les connaissances, à tout ce que tu représentes depuis de nombreuses vies, tout est plus clair, tout est limpide, tout est amour et bienveillance, tu commences à apprendre et comprendre ce monde différemment, tu te rends également compte de ce que ton esprit, cette vie actuelle représentent pour toi.

Tu vas rester quelques instants dans cette connexion à ces faisceaux de lumière et tu vas demander à ton âme de te mener vers la vie antérieure qui correspond le mieux à ce que tu vis aujourd'hui, afin de comprendre et d'évoluer au mieux pour ta vie actuelle, ton esprit actuel.

Dans cette transe ascendante, appuyez particulièrement sur des suggestions qui mènent votre partenaire **vers du bien-être, de la protection et de la sérénité**.

Il se peut que certains patients puissent ne pas particulièrement *se sentir en sécurité*. Il arrive qu'ils restent bloqués dans **une attente excessive** et que Hyperimperia, à ce moment-là les stressent. Si c'est le cas, je vous invite à ne pas continuer cette session. Il est important que cette connexion se fasse dans **une véritable sérénité** et un apaisement profond.

Sinon, la régression risque de se diriger vers des vies ou des événements difficiles à gérer pour notre partenaire. Cela peut être **très intéressant dans la recherche thérapeutique**, néanmoins on souhaite lors de ces expériences d'orienter vers des retours positifs.

La prise de conscience de la symbolique exprimée par le subconscient à ce moment-là **pourrait être trop violente** par rapport à l'attente d'un *voyage de découverte*. Une fois de plus, c'est à nous de bien cadrer les attentes et les besoins de notre partenaire. Pensez qu'à n'importe quel moment vous pourrez interrompre la technique.

Au fur et à mesure de votre expérience, vous allez *pouvoir rester dans cet "entre deux vies"*, cette connexion à l'âme, afin de permettre à votre partenaire **de trouver des réponses**, de **se reconnecter** avec une partie de lui qui très souvent dans le quotidien peut manquer, ou simplement pour **mieux comprendre le choix de ses expériences de vie**.
Nous reviendrons dans un chapitre suivant sur ce que l'on peut mettre en place avec l'âme.

Nous allons donc prendre cette ouverture à notre moi supérieur **comme une simple transition** que nous passerons pour nous diriger vers une des vies antérieures. Pensez à bien suggérer **des éléments positifs**, à rappeler régulièrement l'objectif de cette régression.

Par exemple je répète régulièrement : « Nous allons nous diriger vers la vie antérieure **qui correspond le mieux à une réponse claire**, pour toi, par rapport à des problématiques actuelles. ».
Cela permet de ne pas faire trop de tourisme, et de continuer à avoir *un apport pour l'aide à la personne*.

Il est certain que si vous faites une régression pour le plaisir et la découverte, il n'y a pas besoin de l'associer à un souci ou une problématique, il suffit de se laisser porter et voir ce qui se présente.

Néanmoins, il est possible que cette expérience suscite des réactions émotionnelles, peut-être même des questions et c'est pour cela que plus vous aurez de connaissances sur le sujet et plus vous aurez d'expériences dans vos psychopratiques, plus vous pourrez permettre un accompagnement juste.

Pensez que c'est un peu comme quand on fait de l'hypnose de Rue, l'objectif est d'apporter un moment **de découverte et de plaisir**, seulement parfois il arrive que les partenaires aient des remontées émotionnelles, il est toujours préférable dès lors de connaître correctement notre discipline qu'est l'hypnose, afin de réorienter au mieux et dans le plus grand confort notre découvreur.

Continuons notre démarche afin de diriger vers une des vies antérieures. Je reprends à partir du moment où nous nous sommes connectés à notre entité élevée et nous passons directement vers la descente de l'âme vers l'esprit.

« Dans quelques instants tu vas descendre dans une des vies antérieures qui correspond à l'explication de ce que tu es en train de vivre dans cette vie présente. Dans cette vie tu pourras **faire, vivre et expérimenter tout ce que tu veux**. Cette vie étant passée, nous pouvons passer la **ligne du temps** comme nous le souhaitons.

Tu peux également avoir **plein pouvoir** sur ce qui se passe, simplement en suggérant un changement. Tu vas me donner toutes les informations que tu perçois, afin que je puisse t'accompagner au mieux et que nous obtenions les réponses que tu attends. »

Comme vous pouvez le voir, les différentes suggestions qui sont proposées **permettent de cadrer** ce qui va se passer dans les minutes qui suivent. Cette notion de **plein pouvoir** permet à notre partenaire de ne pas se laisser dépasser par ce qui peut être vécu.

Il arrive souvent que nous arrivions dans des périodes difficiles, de famine ou de violences diverses. Vous pouvez également travailler sur tout ce qui double ou triple la dissociation. Pour ce qui concerne **la ligne du temps**, c'est un outil particulièrement pratique dans notre démarche. Nous pouvons passer du dernier jour de notre vie à notre naissance sur une simple suggestion.

Il arrive régulièrement que nous allions sur des périodes de vie qui ne semblent pas particulièrement intéressantes par rapport à la recherche que nous avons. Il est possible qu'en creusant davantage nous trouvions des éléments utiles, sachant que *le subconscient ne donne pas une information sans raison.*

Seulement, quand notre partenaire, lui, ne trouve rien de particulier, nous pouvons instantanément changer de période, nous diriger par une suggestion à un moment clef de cette vie.

Gardez donc à l'esprit que **vous pouvez absolument tout faire et tout proposer** dans ce type de transe, simplement parce que nous sommes dans des créations symboliques.

Je vous invite à ne pas hésiter à **modifier les histoires de ses différentes vies.** C'est un peu comme si vous travaillez en submodalité sur une frise plus longue, **permettant un recadrage positif pour nos partenaires.**

Arrêtons-nous quelques instants sur l'impact que peut avoir une correction dans une vie antérieure. Si nous ne sommes pas parvenus à « traiter » une problématique de notre partenaire pour cette vie présente. La régression symbolique permet à la psyché de ce patient **d'offrir un chemin différent pour l'expression du malaise vécu.**

Nous ouvrons un nouveau moyen pour le subconscient de nous donner des clefs que le conscient n'aura pas à analyser et qu'il pourra prendre comme un jeu ou un rêve. Dès lors nous avons une **flexibilité optimum pour comprendre et surtout influencer la symbolique du pattern dissonant**.
En suggérant sur ce symbole (la vie antérieure) des changements ou des modifications, nous impactons le pattern de la vie **réelle avec une moindre résistance au changement, à la perte des bénéfices secondaires.**

Notre partenaire choisissant des ressources et des orientations qui sont officiellement pour la vie antérieure, mais qui sont également impactants pour la perception de la problématique de la vie actuelle.

C'est pour cette raison que le travail sur la vie antérieure, en dehors du tourisme hypnotique, offre un **réel impact dans la vie quotidienne** de notre partenaire et dans la résolution de certains de ses pathos.

Continuons notre démarche :
« Tu vas voir un canal de lumière qui descend et tu vas plonger dedans. Je vais décompter de dix à un et une fois que tu seras à un, tu auras incarné ta vie antérieure. »

10 - Tu plonges dans ce canal de lumière afin de te diriger vers la vie antérieure qui correspond.

9 - Plus tu descends et plus tu te sens en phase, prêt à découvrir de nombreuses choses, te sachant parfaitement en sécurité et te permettant de travailler sur ta problématique.

8 - Dans cette vie antérieure, tu auras toutes les capacités pour voir, entendre, ressentir et percevoir. Tu pourras aller librement d'une période à une autre, obtenir les réponses que tu souhaites soit par des images, soit par des sensations ou des perceptions.

7 - Tu descends de plus en plus rapidement et de plus en plus sereinement vers cette vie.

6 - Quand tu arriveras au chiffre un tu seras incarné dans cette vie et tu pourras parfaitement me décrire ce que tu vis et ce qui se passe.

5 - Tu es à la moitié du chemin et tout s'accélère, tu accueilles avec tranquillité tout ce qui va se passer.

4 - Tu sens petit à petit que tu rentres dans un corps que tu connais, avec l'esprit de cette période.

3 - Tu accueilles cette expérience et un ensemble de ces souvenirs avec bienveillance.

2 - Dans quelques instants tu seras complètement connecté à cette vie passée.

1 - Tu respires profondément et tu es maintenant dans ce corps, dans cette vie passée. Tu regardes tes pieds et comment tu es habillé, tu regardes ce qui se passe autour de toi... que se passe-t-il ?

Nous y sommes, dans la vie antérieure. À partir de ce moment-là, le praticien **doit commencer à poser de nombreuses questions**. Cela permettra d'approfondir la transe, de la stabiliser et d'ouvrir le partenaire à **l'observation de ses perceptions**, dans cet état. La première question posée serait du type : « Où es-tu ? Que vois-tu ? Comment es-tu habillé ? ».

Nous savons qu'à ce moment-là le partenaire **hésite** à valider ce qu'il est en train de vivre. Certains avec une résistance inconsciente, vont vous signaler qu'ils ne voient rien et que tout est en noir. Dans ce cas-là, n'hésitez pas à lui dire qu'il peut retourner à une autre période.

Il vous suffira de décompter de trois à un et de lui proposer d'aller dans une scène différente.

J'ai l'habitude de faire revenir le partenaire **au moment de sa mort**, seulement il arrive souvent que ce moment-là soit « **désagréable** ». Cela nous laisse tout de même un élément clef de ce qui s'est passé dans cette vie antérieure.

Nous allons savoir si la personne *est morte d'une maladie, si elle a été tuée, si c'est la vieillesse qui l'a emportée ou tout autre chose* qui peut, dès les premières secondes, nous donner des indications sur ce qui est vécu aujourd'hui.

Un exemple classique, une vie antérieure dans laquelle nous sommes brûlés sur un bûcher, peut expliquer pourquoi certaines personnes ont peur particulièrement du feu, voire pourquoi ils veulent absolument lutter contre ce feu.

Dans ce cas-là, dans le décompte au chiffre un, il suffira de dire : « tu es maintenant dans ce corps et dans cette vie passée, tu es quelques instants avant de mourir, *tu n'as pas encore toutes les sensations de cette situation,* mais tu peux bien percevoir et expliquer ce qui est en train de se passer. Que se passe-t-il ? ».

J'ai bien pris attention de dissocier les sensations, sinon nous pourrions avoir un partenaire qui ressent quelque chose de trop fort et donc une souffrance.

Nous savons que nous sommes dans une symbolique et nous savons également que l'imaginaire peut réellement faire **ressentir des choses particulièrement fortes**. Pour cela il suffit de se référer aux rêves, dans lesquels il peut nous arriver de vivre des choses très désagréables et d'être persuadé de l'avoir ressenti pleinement.

Cela me permet d'ouvrir une parenthèse sur les perceptions que nous pouvons vivre durant cette expérience. Il est utile de bien prendre conscience que ce moment peut **être assez douloureux aussi bien émotionnellement que physiquement.**

C'est pour cette raison que vous allez très régulièrement, environ toutes les 30 secondes, **demander si tout se passe bien.** À titre d'exemple, lors d'une de mes propres régressions, je suis arrivé à une scène de torture.

La scène a tellement été douloureuse, que non seulement pendant la transe j'étais particulièrement crispé et perdu dans mes douleurs, mais surtout après la session, je crachais du sang.

Dans les situations comme celle-ci, en tant que praticien ne paniquez pas, il vous suffit de faire ce que vous connaissez c'est-à-dire **dissociation simple ou double, ou bien de complètement changer de scène grâce à la ligne du temps.**

La partie qui suit est particulièrement sympathique à mettre en place, une fois que vous êtes arrivé au moment de sa mort (si vous faites cette méthode), vous pouvez demander, au travers de suggestions simples, **à retourner dans une période clefs de cette vie-là.**

Vous pouvez le faire en fonction de la problématique de votre partenaire, et demander au subconscient de **vous ramener à un traumatisme** qui dans la vie actuelle est répercuté par ce que vous connaissez déjà. Vous pouvez également repartir sur une **chronologie simple**, de la naissance à l'enfance, puis de l'adolescence à l'âge adulte. Vous êtes réellement libre dans vos suggestions et vous gardez à l'esprit **que vous pouvez modifier tout ce qui s'est passé.**

Si par exemple durant l'enfance, le partenaire vous décrit qu'il est abandonné par ses parents, que vous sentez une grande tristesse, vous pouvez également faire un parallèle sur sa vie actuelle, vous pouvez modifier complètement cette partie de l'histoire.

En somme, vous réinventez un scénario avec l'aide de votre partenaire, **en lui demandant les ressources qui conviendraient pour qu'il se sente en phase.** Comme cette vie antérieure est pleinement symbolique, les modifications que nous apporterons aux symboles peuvent impacter dans la vie présente sur, dans le cas présent, une peur de l'abandon.

Les suggestions doivent toujours **être validées par votre partenaire**, et vous devez prendre attention au travers de votre questionnement *à ce qui se passe dans les scènes qu'il est en train de vous décrire.*

En fonction de votre façon de travailler, vous allez rester plus ou moins longtemps dans cette vie antérieure. **Gardez toujours le lead en tant que praticien**, sinon vous allez risquer de rester un long moment dans cette découverte.

Pour ma part, je reste **assez peu de temps**, j'ai une pratique de l'hypnose qui est plutôt rapide et je cherche à aller vers la problématique qui peut me permettre **d'obtenir un nouveau levier dans notre thérapie.**

En général, en une vingtaine de minutes, nous avons pu passer un nombre important **d'événements de la vie du partenaire**, en faisant accélérer le temps, en suggérant d'arriver à des points clefs, en allant vers les rencontres importantes de la vie et en demandant au subconscient de nous proposer les apprentissages qui ont été effectués dans cette vie-là.

Souvenez-vous, dans la croyance de l'hypnose spirituelle et des philosophies qui l'entoure, nous nous incarnons dans **un objectif d'expérience que nous avons choisi** avant d'arriver sur terre. Nous pouvons donc dans ses régressions, voir ce qui était décidé à la naissance et ce qui a été réellement expérimenté dans cette vie-là.

Au travers de cette question ; il nous arrive souvent que le partenaire prenne conscience qu'aujourd'hui, dans sa vie actuelle, il soit encore en train de **chercher à expérimenter ses choix du passé.** Dans ce cas-là vous pouvez faire **un recadrage pour bien « fermer » cette vie passée** afin qu'elle n'impacte pas la vie présente.

Vous découvrirez que de nombreux partenaires vivent l'impression que leurs vies passées **impactent** particulièrement leur vie présente. Dans la croyance qui entoure les vies antérieures, même si la notion de karma reste présente, il est important de permettre à l'esprit de la vie passée **de clairement intégrer l'âme, afin de permettre la création d'un nouvel esprit**, avec des nouveaux choix d'expérience, dans la vie qui suit.

De nombreux partenaires peuvent avoir la sensation qu'ils continuent à expérimenter dans cette vie présente **des choix d'une vie passée.**
C'est pour cette raison que nous portons particulièrement attention, une fois que nous avons terminé notre cheminement dans cette vie antérieure, à bien **faire et intégrer de clore l'histoire passée, de cet esprit dans l'âme**.

Pour faire plus simple, chaque vie à un ego, à la mort l'ego se dissout, nous retournons à l'âme qui **conglomère** les expériences, et nous permet de **faire un choix d'ego** et d'expériences pour la vie qui suit.

Seulement, il peut sembler que des choix, pour un ego précis d'une vie passée, impactent les expériences vécues dans la vie présente, et **que cela ne semble pas correspondre à ce que nous sommes**.

C'est comme si nous **avions une difficulté à couper le film et les objectifs passés** pour nous centrer vers de nouveaux objectifs de l'ego actuel. Chaque vie a son intérêt et son importance pour nous et c'est comme ouvrir un nouveau livre mais **que nous ne finissions jamais** le précédent ouvrage. Avec l'hypnose spirituelle, vous allez permettre à votre partenaire de **compléter et accepter le vécu de la vie passée**.

Vous allez pouvoir également **corriger ce qui a été dissonant** et qui peut être impactant pour notre partenaire. Cette explication que je décris **est basée sur la croyance**. D'un point de vue plus psychologique, nous allons **permettre des recadrages** et différentes techniques comme des ruptures de liens, des deuils et autres acceptations de son être, dans un monde symbolique, c'est-à-dire représentatif de ce qui est **vécu au travers d'une distorsion** qui permet, dès lors, des **modifications possibles du processus cognitif** et des perceptions de la problématique.

Le symbole est **donc un représentant d'un pathos réel et vécu**, avec la flexibilité d'un souvenir, donc une possibilité de **décharger émotionnellement** et de voir autrement ce qui semblait être fixé à l'intérieur du partenaire.

Parce que nous avons ouvert une **nouvelle possibilité de perception** et que nous avons mis en avant **des ressources** orientées vers une modification, le pattern a pu être ralenti, voire déformé, afin que la répétition cognitive **n'entraîne plus les mêmes conclusions.** Nous permettons donc **d'ouvrir un ensemble de choix et de possibilités** à ce qui semblait complètement clos dans une thérapie qui aurait été moins symbolique.

Dans cette partie-là et dans cet essai je ne pense pas traiter **des familles d'âmes**, je vous invite à aller découvrir ce que représente ce concept. Nous pouvons dans le travail de régression en vie antérieure, particulièrement si **nous enchaînons d'une vie à une autre**, nous rendre compte que nous croisons le **même type « d'énergie ».**

Il y a des personnes qui ont pu être nos parents puis nos frères puis nous amis… qui semblent récurrents dans toutes nos vies. Nous avons des expériences à vivre avec et cela de vie en vie.
Vous pouvez **donc passer d'une vie à une autre**. Cela est utile parce que de nombreux partenaires peuvent aller dans une vie qui ne nous donne pas d'informations particulièrement intéressantes par rapport à la problématique de départ.

Dès lors, il est beaucoup plus simple de **ne pas continuer à explorer cette vie,** mais de refaire le processus que nous avons vu pour **passer d'une vie à une autre,** donc de s'orienter vers une autre vie.

Avec l'expérience, vous verrez que vous serez moins procédurier sur la technique et donc vous pourrez assez facilement faire monter votre partenaire au travers d'un canal de lumière, puis lui permettre de redescendre dans une autre vie.

Ce qui est essentiel, **c'est la suggestion que nous allons proposer.** En fonction de ce que nous cherchons, il est important que nous puissions être précis sur notre sémantique et sur ce que nous **attendons du subconscient** comme informations. Une fois de plus nous devons avoir conscience que certaines personnes viennent faire du tourisme hypnotique, pour se découvrir et qu'ils peuvent alors vous demander de passer d'une vie à une autre.

Pour ma part je ne le fais pas, je passe d'une vie à une autre avec en tête l'idée de trouver ce qui **va permettre à mon partenaire d'évoluer le plus facilement** et de modifier, puis d'intégrer les mouvements qui se mettent en place.

Dans la vie antérieure **il n'y a de limite que votre imagination.**

Prenez le temps de bien permettre à votre partenaire de trouver ses réponses, de **modifier les éléments stressants ou traumatisants** et une intégration de toutes ces modifications, pour permettre un *mouvement notable* dans la problématique de départ. Il arrivera assez rarement que vous tombiez sur une vie particulièrement exceptionnelle.

Même si **l'attente d'être un pharaon ou une princesse** a été suggérée par des expériences avec des médiums ou voyants, il sera très rare que le subconscient valide cette idée. Il se peut que ce soit **une profonde déception** pour votre partenaire, comme je vous le disais précédemment, **beaucoup attendent des confirmations** de certaines de leurs croyances au travers de cette expérience.

Cela peut donc être troublant et leur donner l'impression que ce n'était pas réellement une régression.
Une fois que vous avez fait le travail nécessaire, vous allez pouvoir permettre à votre partenaire **de remonter jusqu'à l'entre deux vies.** Nous allons réutiliser le processus que nous avons fait précédemment. Si vous souhaitez, mais je vous le déconseille, vous pouvez entamer un travail avec l'âme dans la même séance.

Vous lirez, dans de nombreux ouvrages sur l'hypnose spirituelle, que les sessions peuvent durer de **deux à trois heures.** Cela explique notamment le coût de ces sessions. Par expérience, *je vous invite à proposer plutôt plusieurs séances, qu'une seule longue.* Invitez également votre partenaire à enregistrer la séance, parce que, comme dans la plupart des sessions d'hypnose, une grande partie de ce qui va être exprimé et partagé peut-être oublié.

Après il est important pour vous de bien comprendre que certains oublis sont nécessaires et d'autres sont simplement dûs à la saturation du partenaire.

Pour le remonter vers son âme, vous allez le **faire revenir au moment de sa mort** et vous allez compter de 1 jusqu'à 10 pour l'accompagner vers l'entre deux vies.

1- Petit à petit tu sors de ton corps et tu suis le canal de lumière qui t'emmène dès à **présent dans un état positif.**

2- À mesure que tu t'élèves tu te sens de mieux en mieux, et tu **intègres l'ensemble des expériences** que tu as pu avoir dans cette vie passée.

3- **Aujourd'hui tu clos ce lien** avec cette vie passée, tu intègres tout ce que tu devais apprendre, comprendre et percevoir. Tu permets à ton esprit d'aller se reconnecter à ton âme et **de laisser définitivement derrière toi cette vie**.

4- Plus tu t'élèves, plus tu te sens allégé, comme si tu avais **pleinement et totalement accompli** la mission de vie que tu t'étais donnée.

5- Tu sais qu'au chiffre 10, tu seras totalement et complètement connecté à ton **être supérieur,** là où se trouve la mémoire de toutes les expériences de cette vie passée et des autres vies.

6- Dans ce rayon de lumière qui efface petit à petit **tout ce qui doit être effacé**, et remet en place pour ta vie suivante les conséquences belles, justes et positives pour toi et ton évolution à venir.

7- Tu laisses ton subconscient **intégrer** tout ce qu'il faut pour te permettre d'avancer et d'évoluer dans ta vie actuelle.

8- Tout s'accélère, tu te sens de plus en plus en phase, dans un état positif et agréable.

9- Dans quelques instants tu vas te reconnecter à ton âme et te sentir dans un état ouvert, intégrant et ouvrant des possibilités multiples pour ta vie présente.

10- Tu es maintenant complètement et totalement connecté à ton moi supérieur, dans un état profond de sérénité, prêt à retourner dans ta vie présente.

Vous pouvez une fois que vous êtes arrivé à la connexion au moi supérieur, redescendre vers la vie présente. Je vais vous proposer quelques idées à mettre en place sur une autre session, avec l'entre deux vies.

7 - L'entre deux vies

Je vous invite, une nouvelle fois, à étudier les ouvrages de **Michael Newton** sur le sujet, c'est le spécialiste de cette facette de l'hypnose spirituelle. L'entre deux vies a pour spécificité de répondre à la croyance que nous passons par **une étape avant de nous réincarner**.

Comme vous avez pu le voir jusqu'à présent, nous l'avons simplement pris comme un outil de transition. Un point qui nous permettait d'aller dans les vies antérieures. Cependant, il y a tout un travail possible sur cet état. En général pendant les formations de cet entre deux vies, nous avons une sorte de script qui nous permet de poser un ensemble de questions, afin de permettre à notre partenaire d'avoir des réponses sur le choix de sa vie présente.

Comprendre pourquoi nous vivons cette vie, voilà peut-être un des points clefs qui permettra un réel **recadrage** pour nos partenaires. Cette phase est un moment unique pour le subconscient, voire le supra conscient, d'exprimer le pourquoi de tout ce qui nous arrive dans cette vie.

Ce qui est particulièrement marquant, c'est que nous prenons **conscience dans ce travail**, que nous sommes décisionnaires de l'ensemble des éléments et des événements que nous vivons dans notre vie actuelle. Une fois encore, de nombreuses personnes n'adhèreront pas du tout à cette idée, dans ce cas ne faites pas de travail sur l'entre deux vies.

Je pense que, plus que la régression en vie antérieure, cet outil permet à notre partenaire de se responsabiliser sur chaque acte et sur les pensées de cette vie.

Reprenons donc à partir d'une session que nous commençons **spécifiquement** pour aller travailler sur l'entre deux vies. Dans un premier temps, il est important de savoir ce que notre partenaire souhaite **explorer et les éventuels pathos récurrents**.

Nous travaillons comme pour des sessions plus classiques, et il n'est pas nécessaire, comme avec la régression en vie antérieure, de donner un contexte particulier à la méthode. Il suffit de décider, en fonction de ce qui a été relevé dans le questionnement, de nous orienter **vers une thérapie symbolique** et par conséquent une communication avec son « moi supérieur ». Une fois de plus, vérifiez bien que votre partenaire adhère à ce type de croyance.

Pour se diriger vers l'entre deux vies, je vous invite à *vous référer aux processus que nous avons mis en place pour la régression en vie antérieure*, seulement cette fois si nous restons connectés à **cette source**, ceci nous permettra d'obtenir des réponses.

D'ordinaire ce type de séance peut prendre beaucoup de temps. Il y a énormément de questions à poser, des étapes clés à prendre en compte, afin que notre partenaire puisse revenir avec, d'une part **un maximum d'informations**, d'autre part avec des réponses qui peuvent lui permettre **une avancée dans son cheminement thérapeutique**.

Première étape : La porte.

Une fois reconnecté à son moi supérieur, vous allez permettre à votre partenaire de s'orienter **vers une porte**. Nous connaissons cette métaphore classique dans l'hypnose et il est assez facile pour tout le monde de se référer à cet objet. Cela permettra la symbolisation **d'un passage à un autre**.

Vous allez donc le diriger vers une porte qu'il va ouvrir et vous allez l'interroger sur ses sensations, sur ce qu'il voit, sur ce qu'il perçoit au moment où il va passer le pas de la porte. C'est un premier contact qui pour certaines personnes **apporte de nombreuses sensations**, et des contacts avec des lumières, des sources de chaleur ou même des personnages réels ou symboliques.

Seconde étape : Les guides spirituels.

Une fois que vous lui avez fait traverser la porte, vous pouvez lui faire définir ce qu'il y a **autour de lui**. En fonction des différentes croyances de chacun, des attentes et de la culture, vous allez obtenir des lieux qui peuvent être **assez différents**.
Vous n'avez pas nécessairement besoin de suggérer un lieu particulier. Dans cette partie, je vous épargne les différentes questions que vous pouvez poser, je ferais peut-être un essai spécifiquement sur l'entre deux vies, afin de vous donner un ensemble d'orientations pour le partenaire. Le plus simple est encore **d'aller lire les ouvrages des auteurs majeurs** du système.

Une fois que vous avez pris les informations du lieu dans lequel se trouve votre partenaire, vous allez suggérer **un premier contact avec celui que nous allons nommer le guide spirituel.** Il peut être intéressant, lors de la suggestion, de bien définir ce qu'est un guide spirituel.

De façon générale, c'est un accompagnant de notre vie, un être non-physique, qui nous a soutenu et observé durant toute notre vie terrestre. Selon les croyances, il est là de notre naissance à notre mort. Souvent il est dit qu'au moment **d'une élévation de niveau de conscience**, notre guide peut changer ou d'autres guides viennent compléter cet accompagnement. C'est donc un moment de rencontre, certaines personnes auront l'impression **d'avoir toujours connu cette présence**.

Vous pouvez interroger **sur l'apparence du guide**, ce qu'il dit et peut-être même des remarques qu'il fait sur le partenaire. Vous pouvez également **créer un dialogue, en questions-réponses**, qui permettra à votre partenaire de bien définir qui est ce guide, en quoi il a été en relation avec et comment il va l'accompagner dans cette partie spécifique de l'entre deux vies.

Le guide est, à ce moment-là, celui qui pourra l'**orienter durant toute la session et donner les réponses aux questions** qui peuvent arriver durant cette expérience. Notez qu'il arrive que certains guides ne parlent pas ou très peu.

D'un point de vue plus psycho, il pourra être intéressant de *comprendre pourquoi une partie du subconscient ne veut pas communiquer avec la partie consciente.* Le partenaire peut demander également des détails comme le prénom du guide, une évaluation de ces expériences, etc...

Troisième étape : Les groupes d'âmes.

Dans l'hypnose spirituelle, il y a la croyance que nous ne vivons nos expériences dans des groupes que **nous croisons de vie en vie**. Ces groupes se retrouvent de vie en vie afin de vivre des expériences et surtout d'**évoluer** dans leur cheminement personnel. C'est pour cette raison que, peut-être dans cette vie, votre mère a pu être votre petit frère dans la vie précédente.

Il est également expliqué que nous choisissons notre incarnation et c'est ce que vous allez constater dans l'entre deux vies, pour **rester en contact avec le groupe de vies**. Pour les personnes qui utilisent le concept de karma, il arrive que **les conséquences** d'une vie passée avec un membre du groupe, puissent avoir lieu dans la vie présente.

Le lien entre le groupe de vies est vraiment puissant, c'est pour cette raison que nous allons passer un moment pour **interroger les différentes âmes** qui nous ont accompagnées dans les vies précédentes.

De façon générale, dans cette vie présente, il se trouve que nous sommes également en relation avec ces âmes là.

Notre partenaire pourra se connecter à **son groupe d'âmes** en changeant simplement de pièce. Ça sera à vous, en tant qu'opérateur, d'orienter avec la suggestion qui correspond le mieux afin qu'il puisse aller à la rencontre de ce groupe.

Vous allez pouvoir interroger toutes les personnes qui se trouvent dans ce groupe, si les énergies semblent plus masculines ou féminines, et savoir si dans cette vie actuelle vous êtes en relation avec ou pas.
Vous êtes libre de les interroger individuellement ou en groupe, de savoir pourquoi, peut-être dans cette vie actuelle, il y a certaines tensions ou autres.

Quatrième étape : En route vers le conseil.

Toujours en faisant avancer notre partenaire, nous allons nous diriger **vers le conseil des sages,** qui va **jauger les différentes expériences** que nous avons vécues dans la vie passée et nous interroger sur ce que nous souhaitons apprendre des vies futures

Il ne faut pas vivre cela comme **un jugement négatif**, au contraire c'est un moment pour faire le point avec beaucoup **d'objectivité et bienveillance**. Nous pouvons nous diriger directement vers le conseil, certains ajoutent des étapes afin que notre partenaire puisse prendre un maximum d'informations utiles pour avancer.

Je vous propose simplement **une étape** que je trouve particulièrement intéressante, qui est **un résumé des différentes expériences vécues par les vies passées.**

Ceci a l'avantage de ne pas faire faire des régressions en vie antérieure, d'avoir un résumé de la somme des éléments au moment de ce choix de vie pour l'incarnation présente. Vous pouvez amener le partenaire dans une pièce qui comporte **des archives-vidéo** si vous le souhaitez, et qui offre **des points clefs et les apprentissages des vies passées.**

Posez la question de ce qui est le plus important dans les expériences à vivre, les points de compréhension, les émotions à développer et à connaître etc... C'est un moment qui **résume là où nous en sommes.**

Certains partenaires ne parviennent pas à se libérer de leur mental à ce moment-là, dans ce cas, passez rapidement cette étape. Pour les partenaires qui ont plus d'intuition, ils *pourront découvrir là où ils en sont et même mieux, comprendre les différents appels internes* qu'ils ont sur différentes activités ou passions. C'est comme si depuis notre naissance, nous étions en train de nous souvenir de ce que nous projetions de mettre en place.

Cinquième étape : Le Conseil.

Nous proposons à notre partenaire **d'aller vers le conseil.** Il se peut que vous demandiez des détails sur le parcours afin de savoir, par exemple, si **le guide est toujours présent**. N'hésitez pas à faire dialoguer votre partenaire avec son guide pendant tout ce cheminement. Faites-le rentrer **dans la salle du conseil.**

C'est un moment intéressant pour l'interroger sur les différentes émotions qui peuvent prendre place chez votre partenaire. C'est un moment intense dans le sens où c'est *un acte symbolique de rencontres avec des 'êtres supérieurs'* dans leur connaissance, leur sagesse et leur connaissance des 'lois' de l'univers de celui de votre partenaire.

Votre partenaire est **déjà venu** dans cette place, il se peut qu'il y ait **des retours émotionnels**, des souvenirs, des connaissances et *compréhensions anciennes* qui se réactivent. Vous pouvez demander des descriptions sur le lieu, les anciens qui se trouvent là, leur nombre etc... Le conseil peut sembler bienveillant, froid, sympathique ou autre.

A vous de demander ce que vit votre partenaire, certains peuvent avoir un stress, comme **s'ils se mettaient en posture de l'enfant** qui allait **se faire réprimander**. Comme je vous l'ai dit précédemment ce n'est pas un jury qui a pour vocation de mettre dans une dynamique négative, c'est un groupe qui cherche plutôt à *mettre le partenaire dans une posture d'adulte afin de le faire bien évoluer de vie en vie.*

Suggérez que l'échange commence entre le partenaire et les anciens. Voyez qui parle en premier et ce qui est dit au **sujet de la progression du partenaire**. N'hésitez pas à laisser parler votre partenaire sur ce qu'il voit, perçoit et entend.

Les anciens peuvent **donner des messages importants** pour la vie présente, sur des choses à travailler ou dont il faut prendre conscience afin d'atteindre une vie juste et sereine.

Il faut rebondir sur ce que votre partenaire perçoit, et peut être même que certains vont avoir une rencontre avec **un être vibratoirement plus élevé**. Certains nomment cela Ange, Esprit supérieur... Cela ouvre en général un état de profonde sérénité, vous pouvez bien sûr continuer à nourrir de suggestions qui vont dans ce sens. Par contre, n'imposez pas une rencontre avec cet être là s'il ne vient pas spontanément. Enfin, vous pouvez faire poser des questions aux anciens, comme « Qui suis-je Vraiment ? ».

Une fois ce moment clef passé vous allez faire diriger le partenaire vers **la sélection de la vie actuelle**. Cela pourra offrir de nombreuses réponses aux malaises et aux souffrances que notre partenaire vit dans sa vie actuelle.

Sixième étape : Sélection de sa vie.

Il est dit en Hypnose Spirituelle que **nous choisissons nos vies**, nos groupes d'âmes et nos expériences dans cette vie actuelle avant de naître. Nous sommes pleinement responsables de notre vie actuelle, parce que nous avons choisi **les grandes lignes de nos expériences actuelles**. Il y a donc un choix à faire et cette étape permet de savoir ce que nous avons choisi et surtout pourquoi.

Une des questions clef est de savoir si notre partenaire **souhaitait fortement se réincarner** et surtout savoir ce qu'il voulait apprendre.

De nombreuses personnes disent qu'elles ne voulaient pas réellement s'incarner, ce qui n'est pas tout à fait vrai, sinon elles ne seraient pas venues dans ce monde, c'est donc qu'il faut se souvenir **pourquoi elles voulaient venir et quels étaient leurs objectifs.** Après, la sélection d'un corps et d'une famille est un moment extraordinaire pour beaucoup.

En effet, vous allez proposer au travers de **suggestions simples** d'imaginer, comme dans un jeu vidéo, le type de personnage qu'il sera et le monde dans lequel il va évoluer.

Vous verrez qu'il y a un choix et que même le sexe qui a été pris dans cette vie en est un. Il va y avoir des informations incroyables, comme par exemple, un de mes partenaires qui vivait une vie très difficile avec une maladie chronique, qui s'est rendu compte qu'il a choisi une vie ainsi alors qu'il hésitait avec une vie au calme avec une famille aimante, pour comprendre ce que son frère de la vie précédente avait vécu...

Vous apprendrez de nombreuses choses pendant un travail en entre deux vies. En fonction des croyances de vos partenaires, vous pouvez partir *vraiment très loin.* Certaines séances peuvent durer 2 heures 30.

N'hésitez pas à faire parler vos partenaires, **plus ils vont parler plus ils vont faire confiance à ce qu'ils voient et ressentent**. Ce qui facilitera grandement les étapes. Vous pouvez aussi le faire en mode accéléré autour d'une heure, mais cela dépend une fois de plus de l'objectif que vous avez.

Conclusion

L'Hypnose Spirituelle est un **monde complètement à part** dans le milieu de l'Hypnose. C'est une facette qui peut clairement dérouter. On pourrait trouver cela trop ésotérique et par conséquent passer à côté de ce que cela peut apporter. Comme je vous le précisais, *nous n'avons pas besoin, nous en tant que praticien, de croire en cela* pour que cela puisse influencer nos partenaires. Pensez que nous sommes dans une dynamique de soutien et plus nous maîtrisons de méthodes plus nous pouvons nous adapter aux problématiques.

Pour ceux qui sont encore dans le doute, parce que cela ne rentre pas dans leur grille de croyances ou de spiritualité, gardez en tête que **vous travaillez en symbolique**. Souvenez-vous que nous travaillons sur la transe. Nous savons que **le subconscient ne cesse de communiquer**. Nous savons qu'il ne parle pas comme le conscient, ce n'est pas logique, ce n'est pas dans une forme analytique.

Quand vous rêvez cela ne vous semble pas cohérent, pourtant nous pouvons travailler sur les rêves et trouver des cheminements passionnants dans une cure ou une session. Cela est la même chose dans l'hypnose spirituelle, **nous traduisons** et permettons au travers de nos suggestions de modifier, corriger et faire évoluer de nombreux éléments.

Cet essai est volontairement basé **sur les concepts clefs plutôt que du script**. Vous n'avez pas de limite dans vos suggestions, tant que vous comprenez là où vous vous dirigez. Les étapes clefs **vont se nourrir des retours de vos partenaires,** ce qui va ouvrir vers des possibles et des perspectives extraordinaires. Vous allez être le chef d'orchestre d'une découverte soit spirituelle, soit thérapeutique en fonction des objectifs.

Be One

Pank (15 Aout 2016)

Qui est HnO (Hype-N-Ose) ?

Hype-N-Ose (HnO) est une association de pratiquants et de praticiens en Hypnose à tendance Elmanienne, Hypnososphie et Thérapies Durables.

Notre but est de rechercher, développer, pratiquer et diffuser sur ces sujets.

Pour ce faire, nous utilisons plusieurs leviers : des formations, des cabinets ouverts, de l'Hypnose Urbaine, des livres, des audios...

Nous organisons des formations en Hypnose Classique Curative ainsi que des ateliers en thérapie durable.

L'Hypnosophie est une discipline de synthèse et intégrative. L'hypnose est un vaste monde avec des écoles, des styles et des tendances.

Plus qu'un style, nous souhaitons intégrer, sur les bases communes de l'hypnose, une ouverture globale.

Nous organisons des cabinets ouverts, dans le but de faire découvrir l'aspect curatif au plus grand nombre.

Toutes les semaines nous organisons des sorties « Hypnose Urbaine ».

Nous y invitons des praticiens mais aussi des amateurs.

Le but étant de faire connaître, dans un autre contexte que le soin, ce qu'est l'Hypnose.

Cette expérience humaine est extraordinaire. Nous pouvons dissiper les à priori et faire vivre des expériences agréables aux passants.

Vous pouvez trouver plus d'informations sur ce que nous mettons en place sur : www.hno-hypnose.com

Nous avons mis en place un site de Mp3 d'Hypnose pour faire vivre des micros séances. Vous trouverez des informations sur : www.hno-mp3-hypnose.com

Vous pouvez aussi suivre le blog avec tous les jours de nouvelles informations : www.laboratoire-hypnose.com

Si vous souhaitez nous rencontrer, échanger, partager, n'hésitez pas à nous contacter :

Mail : hype.ose@gmail.com

YouTube / Twitter / Facebook : Hype-N-Ose

Liste de Praticiens Hype-N-Ose

Jean Sébastien Op de Beeck : Bruxelles
Contact : +32-473-32-24-43 / js.opdebeeck@gmail.com
www.tb-hc.org

Pierre-Yves Hamel : Jouars Ponchartrain (78)
Contact : 06-89-21-67-93 / pyroeclips@hotmail.com

Elodie Cassar : Senlis (60)
Contact : 06-522-502-95 / ellodyssee@gmail.com
www.hypnose-senlis.com

Tristan Carmona : Narbonne (11)
Contact : 06-76-04-43-18

Estelle Herpin : Narbonne (11)
Contact : 06-76-84-58-77

Yann Poincloux : Saint Denis (93)
Contact : 06-98-25-07-00

Christophe Pank : Le Chesnay (78)

Contact : 06-62-30-45-17 / hype.ose@gmail.com

www.hno-hypnose78.com

Mhamed El Guindou : Paris (75)

Contact : 06 15 55 59 99

Emmeline Barré-Minos : Paris (75) - malakoff (92)

Contact : 07 81 20 70 64 / emmelinebm@gmail.com

Nicolas Depetris : La Croix en Tourraine (37)

Contact : 06 23 01 04 71 / ndepetris@hypnose-tours.com

www.hypnose-tours.com

François Nadaud : Pins-Justaret (31)

Contact : 06-73-71-31-89

http://www.les-portes-du-bien-etre.com/

Martial Guilhou : Biarritz (64)

Contact : 06-36-54-93-90

Jean-Elie Dussert : Pavillon sous-bois (93)

Contact : 06-09-67-10-66

Nathalie Daniel : Maison Alfort (94)

Contact : 06-10-77-72-17

Mathilde Lounis : Anthony (92)

Contact : 06 16 51 88 98

83